Kabiko erzählt über ... Kinderrechte

Von

Tulia Lopes

April 2014

Dieses kleine Buch möchte alle Kinder dieser Welt ehren, und ihr Recht auf ein Leben in Anstand und Fairness.

Es ist meiner Nichte Isadora und meinem Neffen Ciro gewidmet. Ihr seid wunderbar, ich liebe Euch.

Tulia

Artikel 1
Wir haben das Recht, in Frieden zusammen zu arbeiten, um unsere Rechte zu verteidigen.

Artikel 2

Wir sind alle als freie Menschen geboren.

Artikel 3
Kinder haben das Recht, ihre eigenen Gedanken und Ideen auszudrücken.

Artikel 4

Jedes Kind sollte gleich behandelt werden.

Artikel 5

Kinder sollten umsorgt, und nicht vernachlässigt warden.

Artikel 6

Kinder sollten vor Arbeit und Ausbeutung geschützt werden.

Artikel 7

Kinder sollten vor jeglicher Gewalt und Missbrauch geschützt werden.

Artikel 8

Kinder haben ein Recht auf Gleichbehandlung und Rechtsschutz.

Artikel 9

Kinder, die das Gesetz brechen, sollten einen Rechtsbeistand haben und rehabilitiert werden.

Artikel 10

Kinder haben ein Recht, ihren eigenen Namen zu führen.

Artikel 11

Kinder haben ein Recht darauf, sich in ihrer eigenen Umgebung geschützt zu fühlen.

Artikel 12

Kinder haben ein Recht auf eine Nationalität und eine Staatszugehörigkeit.

Artikel 13

Kinder haben ein Recht auf Kindheit, Liebe und Freundschaft.

Artikel 15

Kinder haben das Recht, ihre Gedanken mit anderen zu teilen.

Artikel 16

Kinder haben ein Recht auf ein Zuhause, wo sie angemessen versorgt werden.

Artikel 17
Ausbildung ist ein Recht aller Kinder.

Artikel 18

Bildung sollte es allen Kindern erlauben, ihre Talente bis zum Äussersten zu entwickeln.

Artikel 19

Musik, Kunst, Handwerk und Sport sind Spass für jedermann.

Artikel 20

Alle Kinder haben ein Recht darauf, auszuspannen und zu spielen.

Artikel 21

Kinder haben ein Recht darauf, im Geist von Frieden, Würde und Toleranz aufzuwachsen.

Artikel 22

Mütter und ihre Kinder müssen uneingeschränkten Zugang zum Gesundheitswesen haben.

Artikel 23
Jeds Kind sollte das Recht auf einen Arbeitsplatz haben mit einem fairen Lohn, nachdem es erwachsen wurde.

Artikel 24

Niemand kann uns Kindern diese Rechte und Freiheiten nehmen.

Artikel 25

Die aufgeführten Rechte sollten allen Kindern dieser Welt zugestanden werden.

Kabiko und sein Stamm sind Charaktere geschaffen als Unterstützung zur Verbreitung von **Kabiko Depot,** einer online Buy & Sell Plattform, auf der ein Prozentsatz der Erlöse getätigter Verkäufe über diese Webseite an gemeinnützige Organisationen gespendet wird.

Wenn Sie dieses Buch kaufen, helfen Sie Kindern auf der ganzen Welt. Ein Prozentsatz des Kaufpreises wird an die gemeinnützigen Organisationen gespendet, die wir unterstützen. Besuchen Sie www.kabiko.com für zusätzliche Informationen.

Der Inhalt dieses Büchleins wurde angeregt durch die "Universal Declaration of Human Rights by United Nations."

Danke für den Kauf dieses Büchleins. Wir hoffen, dass Sie und Ihre Kinder Spass bei der Lektüre haben!

Kabiko Team

www.kabiko.com

Copyright © Tulia Lopes, 2013

Geschaffen von Tulia Lopes - Illustriert von Fabiana Azevedo - Übersetzt von Markus Künkel

Kabiko Depot, Kabiko, Kabiko & sein Stamm sind eingetragene Markennamen.

Alle Rechte vorbehalten

www.ingramcontent.com/pod-product-compliance
Lightning Source LLC
Chambersburg PA
CBHW041541040426
42446CB00002B/181